Buono!

ブォーノ！　美味しい！とは身体に善いということ！

Appetito vien mangiando!

アッペティート ヴィエーン マンジャーンド！

食べるにつれて食欲が湧いてくる！

医師や栄養士ではなく料理人だからこそ提案できる処方箋。
それこそが善い料理なのです。

RISTORANTE ALVERO
owner chef

木村忠敬

南々社

もくじ

- 4 PREFAZIONE（はじめに）
- 5 **Viva italia!**
  - 6 Milano
  - 8 Venezia
  - 10 Firenze
  - 14 Roma
  - 18 Napoli
  - 19 Capri
  - 20 Amalfi
  - 21 Alberobello Sorrento
- 22 Buono! 美味しい！とは身体に善いということ！

23　ANTIPASTI（前菜）
- 24　ブロードオーロ（黄金の出汁）
- 25　自家製バゲット
- 26　自家製無塩フレッシュバター　野菜サラダ　手作りドレッシング
- 27　自家製ピクルス
- 28　青背魚のレモン風味マリネ
- 29　タコのマリネ
- 30　赤パプリカのムースタルト
- 31　挽き肉と香味野菜、ホウレン草の緑のスープ
- 32　豚挽き肉とブロッコリーの白いスープ
- 33　挽き肉と香味野菜のトマトスープ
- 34　サーモンとアボガドのサラダ
- 35　ズッキーニのフリット

36　PRIMI PIATTI（パスタ）
- 38　自家製生パスタ
- 39　茹で方　真のアルデンテ　**ブロードアルジェント（銀色の出汁）**
- 40　ホールトマトのトマトソース　ジェノバ風バジルソース
- 41　ブロッコリーと松の実のペペロンチーノ
- 42　ペスカトーラロッサ（スコーリオ）
- 44　わたし流のカルボナーラ
- 45　とうもろこしとズッキーニのペペロンチーノ
- 46　ヴェネツィア風新玉葱のスパゲティー
- 47　ヴェネツィア風牛レバーのスパゲティー
- 48　ジェノバ風豚肩ロースと季節野菜のバジルソースのスパゲティー

49　彩り色々スパゲティー
50　フォアグラと挽き肉、キノコのラビオリ
52　ローマ風ラグーソースのパッパルデッレ
53　鶏のラグーソースのタリアテッレ
54　オマール海老のプッタネスカ
56　いろいろキノコのバルサミコソースのスパゲティー
57　ポルチーニ茸と生ハムのペペロンチーノ
58　手長海老のトマトクリームスパゲティー

60　**PESCE**（魚料理）

62　鮎のコンフィ
64　白身魚の甘酢トマトソース
65　イワシのベッカフィーコ
66　白身魚の香草パン粉焼き
67　白身魚のグリル、ルッコラのサラダ添え
68　こぼれあわびのグラタン

70　**CARNE**（肉料理）

72　熟成肉との出合い
73　ウェットエイジング（湿式熟成）
74　牛熟成肉のステーキ
76　牛頬肉の赤ワイン煮込み
77　牛肉のホイル焼き
78　チキンのディアボラ
80　豚とソーセージとキャベツの鍋
81　鶏胸肉のロースト、アボガドとハーブのソース添え
82　チキンのトマトソース煮込み

84　**DOLCI**（デザート）

86　柿のパンナコッタ
87　エスプレッソ風味の自家製アイス
88　クリームプリン
89　チョコケーキ
90　くるみのビスコッティー
91　ティラミス

92　POSTFAZIONE（あとがき）
93　野菜作家「石山さん」──郷土料理は土から始まる
94　感動と気付きを与えてくれる人たち
95　私のめざすイタリア料理の方向性

PREFAZIONE

(はじめに)

　紀元前に遡る歴史を持ち、美しい街並み、色鮮やかな景色、最高に美味しい料理、お洒落なファッション、人生を豊かに彩るさまざまな悦楽にあふれるイタリア！

　その魅力を伝えるのに脚色は不要です。イタリアについて多くを語る必要はありません。なぜならイタリアそのものが私たちに多くの物事を語りかけてくれるのですから。その素晴らしさは訪れた者が、ありのままに自由に感じれば良いのです。

　気になったことは帰国してから調べてみると良いのです。かつて訪れた先人たちが小気味よくまとめてくれた書物から歴史や文学、芸術やカルチャーなど調べれば調べるほど惹きこまれてしまうことでしょう。それでも訪れるたびに新たな感動があり、新たな発見があります。それがイタリア！

　その知識に定義や結論は要りません。自由に感じ、自由に吸収して自分の人生に生かし楽しめば良いのです。北から南の各地方、100人のシェフがいたら100通りのイタリア料理があります。

　そんな中で外してはいけないのは、素材を生かすことと、身体にとって善いように仕上げること。今回、私はイタリア料理を愛するものとして、これまで知り得た最高の『Buono！』を、大切な家族、友人、恋人と、そしてイタリア料理を愛するすべての人たちと共有できることを願い一冊にまとめてみました。

　テーマは「Buono！　美味しい！とは身体に善いということ！」

　どうぞ気楽にご覧ください。

Tadahiro Kimura
25.11.2015.

Viva italia！

ミラノ〜ヴェネツィア〜フィレンツェ〜ローマ〜ナポリ〜
カプリ〜アマルフィ〜アルベロベッロ〜ソレント

さまざまな文化と風習が融合しイノベーションが生まれ続ける
イタリアを細かく定義付けることはできません。

Milano

1	3
	4
2	5

1. スフォルツュスコ城　2. ガッレリア・ヴィットリオ・エマヌエーレⅡ世アーケード入口　3. ユーロスター
4. ミラノ中央駅　5. ヴィットリオ・エマヌエーレ・Ⅱ世通り

1. ドゥオモ正面　2. ドゥオモ屋上　3. ドゥオモ内部　4. ガレリア内部
5. ガレリア天井　6. ズッカ・イン・ガッレリア（カンパリ発祥の店）

Venezia

	1	
2	3	4

1. リアルト橋からの大運河　2. リアルト橋西側からの眺め
3. リアルト橋東側　4. ホテルリアルト前

1. メストレ駅　2. 大運河からの大鐘楼　3. リアルト橋
4. 大鐘楼からの眺め　5. サン・マルコ広場

Firenze

1	2
3	
4	5

1. チェッレターニ通り　2. ドゥオモ（サンタ・マリア・デル・フィオーレ大聖堂）正面
3. サン・ジョヴァンニ洗礼堂　4. エノテカ　5. レプブッカ広場

1. 鐘楼からの眺め　2. 下から見上げるドゥオモ
3. シニョーリア広場　4. ヴァッケレッチァ通り

Firenze

```
| 1 | 2 |
| 3 | 4 | 5 |
```
1. ウフィッツィ美術館　2. ウフィッツィ中庭　3. チョークアート
4. チョーク　5. 路上チョークアーティスト「TOMO」さんと私

1. ジェネラーレ・ディアス河岸通り 2. ジッリ
3. ヴェッキオ橋 4. イノシシの像 5. カッライア橋

Roma

1	4
2	
3	5

1. コロッセオ　2. フォロ・ロマーノ　3. アウグストゥスの像
4. コロッセオ内部　5. サンタンジェロ城

1. トレビの泉　2. イタリア国家憲兵（カラビニエリ）　3. トレビの泉
4. ラ・カルボナーラ　5. パンテオン　6. 浮いてる人

1	3
2	4
5	6

Roma

1		3
2		
4	5	

1. クーポラからの眺め　2. サン・ピエトロ大聖堂正面　3. サン・ピエトロ広場から 大聖堂正面
4. 大聖堂屋上　5. クーポラ内側からの眺め

1. スペイン広場　2. リストランテ 34
3. リストランテ 34 店内

Napoli

1	2
	3
4	5

1. ウォーヴォ城　2. リストランテの店員さん　3. ポンペイ遺跡
4. ナポリピッツァ　5. ピッツァイオーロ

Capri

1. 青の洞窟受付 2. 青の洞窟入口 3. 青の洞窟
4. アナ・カプリ   5. カプリ島

Amalfi

1. ドゥオモ（サンタンドレア大聖堂）　2. ピエトロ・カプアーノ通り
3. ドゥオモ広場　4. アマルフィ海岸

Alberobello Sorrento

1. アルベロベッロ　2. トゥルッリ　3. トゥルッリの土産物店　4. 土産物店の店主と私
5. ソレント・サンタントニーノ広場　6. ソレント・タッソ広場

Buono！　美味しい！とは身体に善いということ！

　Appetito vien mangiando——食べるにつれて食欲が湧いてくる！　イタリアに古くからある諺です。

　これは食べることで健康になるという**医食同源**の考えからくるもので、本当に美味しいものは舌や脳で感じるものではなく、身体が喜ぶものを指します。つまり、身体にとって善いものは食べるにつれて身体が欲してくるからイタリアでは食事の前に「Buonappetito！」（善い食欲を持ちなさい！）というのです。そして美味しい！　すなわち身体に善いものを味わったとき、「Buono！」（善い！）というのです。

　ふだん「美味しい！」とか「ウマイ！」というと、味付けが良いとか、味が好みであることを指しますが、そもそも本来、私たちの味覚は身体に善いものを「美味しい！」と感じ、身体に善くない傷んだものや腐敗したもの、食べると身体に善くないものを「不味い！」と感じるものであったはずなのです。

　ところが近年の日本では加工食品、化学調味料、食品添加物の乱用が著しく、僕ら調理師が身体に善くないと判断し、棄てるような食材でさえ味よく軟らかく仕上げることができています。これらは、そもそも災害時や被災時の非常食として作られたものであり、健康を促進するものではありません。

　本来は「不味い！」と判断すべきものを、調味料による味付けで脳に「美味しい！」という刺激的な偽の信号を送り、誤解させられているものなのです。

　近年、一般に食の欧米化によってアレルギー症状の発症、悪化、がんの発症率が上がっているといわれていますが、欧米化ではなく簡素化が問題なのです。安いから、便利だからといって加工食品やサプリメントに頼りがちな食生活がさまざまな現代病の基となっているのです。

　これらに添加されている防腐剤や保存料、膨張剤や着色料、香味料や増粘剤は私たちの身体の消化器官では処理できない恐れのある化学物質であり、燃焼、消化、排出されず体内に蓄積されたものがさまざまな悪影響を及ぼしていると考えられるのです。不摂生な食生活が日常化してしまうと3年、5年、10年後、確実に健康を害する基となります。添加物や化学調味料に惑わされず、本来の『美味しい＝身体に善い』『不味い＝身体に善くない』という正しい味覚を養い、身体に善い栄養素を選べるように考えていかなければ健康は維持促進できません。

　そんなお手伝いとなる提案をイタリア料理を通じて少しでも多くの方々と共有していきたいと思います。既製の調味料やソース、ドレッシングやタレなどに頼らない。自炊中心の食生活をより多く取り入れ、皆さんにより健康で幸せな生活を営んでいただくことが私の何よりの願いなのです。

GI値の低いものから食べ始めることで
血糖値の急激な上昇を抑えるとともに
胃や腸の準備運動を開始する役割を持つ。

ANTIPASTI
前菜

素材の持ち味を活かし、栄養素を損なわず料理をより美味しく仕上げることに欠かせないのがブロード（出汁）。ブロードにもいろいろあって、各国各地の料理人の工夫によって千差万別といっても過言ではありません。
イタリアにも鶏、魚介、牛骨などをベースとしたさまざまなブロードがあり、毎日、複雑なブロードを何時間も手間暇かけて作りますが、人数も少なく、他の仕込みも多い小さなリストランテでは難しい。
そこで研究に研究を重ね日本最強の旨み成分の素である昆布と鰹節を駆使して独自に開発した、小さな店やご家庭でも毎日作ることのでき、他の作業をしながらでもごく短時間で仕上げることの可能な、身体にやさしく力強いブロードをご紹介します。

Brodo oro.

ブロードオーロ（黄金の出汁）

材料（約2000cc分）
水 2000cc　昆布 2g　かつお、鮪、あご等混合削り節 50g　イタリア産天日塩 15g

1人前の分量と摂取カロリー、塩相当量を表しています。塩 0.01g 未満は 0g と表記しています。

Buono!
分量 30g
エネルギー 0.6kcal
塩分 0.3g

作り方
①水と昆布を鍋に入れ火にかけ、沸騰する手前で火を止め12分ほどおく。②再度火をつけ昆布を取り出し沸騰したら、削り節を入れ12分ほど煮立たせ薫りを飛ばす。③火を止めてから昆布を戻し12分ほど休ませる。④昆布を取り除き、削り節をざるでよく絞って除き、さらにざるで3回ほど濾して火にかける。沸騰する手前で塩を1％（約15g）ほど加え、よく溶けたら火を止める。

保存法　氷せんで室温以下まですばやく下げ、ラップをして冷蔵。5日くらい冷蔵保存可能。小分けして冷凍するとさらに長期保存も可能。
※①と③の置き時間は昆布は 50〜80℃が最も旨み成分を出すため。削り節を沸騰させるのは、しっかり薫りを飛ばしておかないとイタリア料理の醍醐味であるハーブや野菜など素材の持ち味や薫りを活かせなくなるため。氷せんですばやく温度を下げるのは、45℃前後で発生する雑菌による雑味を出さないため。ここで塩を加えるのは昆布や削り節の旨み成分との対比効果によりごく少量の塩相当量で最大限に味強く仕上げることが出来るためです。
こうすることで、調理後の塩の追加による味の微調整を必要とせず、料理が冷めるにつれて素材の持ち味を身体にやさしく引き出すことができ、結果としてローソルト（減塩）につながるのです。

自家製バゲット

材料（2本分）
A　ドライイースト3g　グラニュー糖5g　ぬるま湯215cc
B　溶かしバター5g　塩6g
C　強力粉210g　薄力粉90g
分量外　打ち粉（強力粉）
※オーブンはあらかじめ200℃にしておく

作り方
①Aをボウルに入れてよく混ぜ次いでBを加えてよく混ぜラップをして30分ほどおく。
②Cを加えてゴムベラでよく混ぜ合わせひと塊(かたまり)にしたらラップをして再度30分ほど寝かせる。
③②を2分割にして細長く成形し、ラップをして30分ほどおく。
④ナイフで切り込みを入れ、霧を吹いて湿らせ200℃のオーブンで25分焼く。
⑤いったん取り出して再度霧吹きをして5分ほど焼くと出来上がり。

Buono!
分量 25g
エネルギー 53.9kcal
塩分 0.28g

Pane Bacchetta.

Burro fresco casareccio.

自家製無塩フレッシュバター

材料（200g分）
A　生クリーム200cc　乳脂肪分40％以上のもの。3〜5℃に冷やしておく。
使用器具　ミキサー　ゴムベラ中、小　300cc容器

作り方
①Aをミキサーにかけ全体を一体化させる（ホイップによる空気結合）。
②蓋をしたまま上下に強く振り続け余分な空気を抜く感じでひと塊になったら完成。
③ゴムベラで別容器に移し、空気に触れないようにラップをつけて冷蔵保存。

Buono!
分量 5g
エネルギー 21.1kcal
塩分 0g

Condimento fatto a mano.

野菜サラダ

サラダにする野菜　サニーレタス　レタス　水菜　貝割れ大根　大根　蕪　ラディッシュ　人参　きゅうり　赤パプリカ　黄パプリカ　赤玉葱　新玉葱　玉葱　キャベツ　ルッコラなど…
各野菜類は食べやすいように千切りや薄切り、葉物はひとくち大にちぎり水にさらし、よく洗ってから水気を切って皿に盛る。残ったものはポリ袋かポリ容器に入れて冷蔵保存。

手作りドレッシング

材料（約200cc）
EXVオリーブ油80cc　塩コショウ3g　アンチョビペースト3g　卵黄2個　蜂蜜20g　ヴィネガー（穀物酢）50cc

作り方
材料をミキサーにかけ200ccくらいの容器に入れ冷蔵。

Buono!
分量 5g
エネルギー 24.4kcal
塩分 0g

Sottaceti fatto a mano.

自家製ピクルス

材料（漬ける材料約 400g 分）
A　白ワインビネガー 150cc（代用→穀物酢 90cc 白ワイン 60cc）　水 120cc
B　グラニュー糖 20g　塩 6g　　C　黒胡椒 1 粒　ローリエ 1 枚　昆布 2g
※漬ける材料は水洗いし、ひとくち大にカットして塩をまぶし、12 分ほど漬けてから水洗いして
よく塩と水気を切っておく

作り方
①Aを小鍋に入れ火にかける。
②沸騰する手前でBを加えよく混ぜる。
③Bが溶けたらCを加え、12 分ほど休ませる。
　塩と水気を切った材料を熱湯で殺菌した瓶に詰め、ピクルス液を注ぎ、室温程度になったら空気
に触れないようにラップをして冷蔵保存する。

Sutufatino al limone.

青背魚のレモン風味マリネ

材料（2人前）
オリーブ油 15cc
- A　イワシ開き2尾　塩コショウ少々　強力粉少々
- B　玉葱スライス 50g　赤パプリカスライス 20g　黄パプリカスライス 20g　セロリみじん切り 10g　パセリ粉少々
- C　鷹の爪1本　ローリエ1枚　オリーブ油 15cc　穀物酢 15cc　白ワイン 7g　レモン汁 5g　塩コショウ少々　水 50cc　グラニュー糖 5g

作り方
① フライパンにオリーブ油をひき火にかけ、イワシは背のほうに塩コショウを振り、強力粉をまぶして両面を焼く。
② ①を皿に盛りBを並べてCをひと煮立ちさせて、回しかけて出来上がり。冷蔵庫で一晩漬け込むと、さらに美味しくなる。

Buono!
分量 150g
エネルギー 326kcal
塩分 0.2g

タコのマリネ

材料（3〜5人前）
タコ（ボイル済み）150g　玉葱スライス 30g　赤パプリカスライス 15g　黄パプリカスライス 15g
A　ニンニク小1片　ヴィネガー（穀物酢）60cc　ＥＸＶオリーブ油 20cc　レモン汁少々
　　塩コショウ1g　蜂蜜 15g　パセリ粉少々

作り方
①玉葱、パプリカは水にさらしておく。
②タコは薄くスライスし、塩でよく揉んで水でしっかりすすぎ洗いをして水気を切りボウルに移しておく。
③①の水気をよく切って加え、Aも加えてよく混ぜ合わせ適当な容器に移し、空気に触れないようにラップをして冷蔵。翌日から3日間が食べ頃。

Buono!
分量 30g
エネルギー 40.3kcal
塩分 0.08g

Polpo marinati.

Torta mouse di peperone rossi.

赤パプリカのムースタルト

材料（5人前）
A　赤パプリカ1個　　B　玉葱 16g　オリーブ油 20cc
C　ブロードアルジェント（P39）36cc　ブロードオーロ（P24）4cc　生クリーム 20cc
D　ゼラチン3g　ローリエ1枚　塩コショウ少々

作り方
①Aのパプリカは種を除いて270℃のオーブンで15分ほど焼き、皮を除いて100gほど用意する。
　※不足分はトマトソースで補う。
②小鍋でBを火にかけ玉葱がしんなりしてきたらAとともにミキサーにかける。
③小鍋に②を戻しCを加えて火にかけ、ひと煮立ちする直前でDを加え、弱火で焦がさないようにかき混ぜ、ゼラチンをよく溶かす。
④ダマがなくなったら冷水にあてて冷まし、室温程度になったら適当な容器に移し替え、空気に触れないようにラップをして冷蔵。

挽き肉と香味野菜、ホウレン草の緑のスープ

材料（3〜5人前）
A　オリーブ油 5cc　ニンニク 2g　葱 5g　玉葱 20g　セロリ 7g
　　ホウレン草（茹でておく）35g　ブロッコリー 15g　人参 10g　キノコ 10g
B　合い挽き肉 10g　パセリ少々
C　ブロードアルジェント（P39）220cc　ブロードオーロ（P24）40cc　生クリーム 40cc　レモン汁 1g
D　塩コショウ 1g　ローリエ 1枚

作り方
① Aを鍋に入れ火にかけ、全体が炒まってきたらBを加え、肉に火が通ったらCを加えひと煮立ちさせて火を止め、Dを加えてよく混ぜる。
② 冷水せんでよく冷まして、ローリエを除いてミキサーにかける。
　※保存は別容器に移し冷蔵。冷凍も可。

Buono!
分量 80g
エネルギー 50.8kcal
塩分 0.12g

Zuppa verde.

Zuppa bianca.

豚挽き肉とブロッコリーの白いスープ

材料(約5人前)
A　オリーブ油 10cc　玉葱 25g　キノコ 15g　セロリ 5g　ブロッコリー 20g
B　豚挽き肉 20g
C　牛乳 50cc　生クリーム 50cc　ブロードアルジェント（P39）180cc　ブロードオーロ（P24）45cc
D　塩コショウ 1g　セージパウダー 1g

作り方
①Aを鍋に入れて火にかけ、全体がしんなりしてきたらBを加え、肉に火が通ったらCを加えてひと煮立ちさせ、Dを加えて火を止める。
②鍋ごと冷水に浸けて室温程度に冷まし、ミキサーにかけて別容器に移し、ラップまたは蓋をして冷蔵。

挽き肉と香味野菜のトマトスープ

材料（5人前）
A　オリーブ油5cc　玉葱16g　ニンニクみじん切り1g　キノコ6g　セロリ6g　人参6g
　　ズッキーニ6g
B　合い挽き肉10g
C　トマトソース（P40）40cc　ブロードアルジェント（P39）180cc　ブロードオーロ（P24）24cc
　　塩コショウ1g

作り方
①Aを鍋に入れて火にかけ、全体がしんなりしてきたらBを加え、肉に火が通ったらCを加えてひと煮立ちさせ、火を止める。
②鍋ごと冷水に浸けて室温程度に冷まし、ミキサーにかける。※保存は別容器に移して冷蔵。

Buono!
分量 80g
エネルギー 25.9kcal
塩分 0.28g

Zuppa rossa.

Insalata di salmone e avocado.

サーモンとアボガドのサラダ

材料（1〜2人前）
- A　サーモン切り身 40g　アボガド 40g　トマト 40g
- B　ソレント風セロリとレモンのソース（200cc 分）　玉葱 20g　レモン汁 5cc　松の実 5g
　　セロリ 10g　ブロードオーロ（P24）10cc　蜂蜜 20g　生クリーム 20g　ケイパー 5g
　　白ワインビネガー 50cc　オリーブ油 80cc　塩コショウ少々
- C　野菜サラダ（P26 参照）

作り方
① Bをミキサーにかけ 200cc くらいの容器に移す。
② Aを食べやすい大きさにカットする。
③ ②とCを適量皿に盛り付け①のソースを少しかける。

ズッキーニのフリット

材料（1～2人前）
A　ズッキーニ1本　オリーブ油適量
B　つなぎ　全卵1個　強力粉20g　パルメザン粉15g　塩コショウ少々　パセリ粉少々　水20cc
C　氷2、3個

作り方
①ズッキーニがかぶるくらいのオリーブ油を180℃にしておく。
②Bをよく混ぜ合わせておく。
③ズッキーニを食べやすい大きさにカットし、Cを加えて冷やした②にくぐらせ、1～2分ほど揚げて油を切って皿に盛り付ける。塩コショウまたはトマトソースで食べる。

Buono!
分量 91.3g
エネルギー 130kcal
塩分 0.3g

Zucchine fritte.

パスタは、イタリアの水の硬度にあわせた硬水で茹でることで
本場のアルデンテ（歯応え）を再現できるのです。
ブロードによる塩との対比効果は冷めるにつれて強くなり、
冷めてもしっかりした弾力が楽しめます。

PRIMI PIATTI
パスタ

「RISTORANTE ALVERO」ではローカロリー＆ローソルトをテーマとし、医食同源の考えに基づいたヘルシー＆ diet イタリアンを皆さんにご提案しています。カロリーや塩分は私たちの身体に必要なものであり、単に控えれば良いというものでなく、その質が問われます。カロリーには可燃性のカロリーと不燃性のカロリーがあり、お酒のカロリーやオリーブオイルのカロリーは燃焼しやすい可燃性カロリー。逆に粗悪な石油精製品、マーガリンや既製品のラード、添加物のカロリーは体内で燃焼されずに蓄積され、毛細血管の流れを悪くし肥満や高血圧の基となる不燃性のカロリーであり、カロリーの選択が必要なのです。

つづいて減塩調理とはただ単に塩を減らすというだけではなく、良質な塩をごく少量使用し、ダシによる対比効果を最大に活かすことによって素材の持つ栄養素と味わいを力強く引き出す調理法のことをいいます。したがって、1人前のパスタに使用する塩総使用量が 1g 程度でも、塩 10g 使用した料理に負けない、しっかりとした深みとコクのある味わいに仕上げることができます。究極の減塩調理で本場イタリアの味わいを再現できるのです。

Pasta fresche.

自家製生パスタ

材料（約12人前）
全卵5個　強力粉500g　塩15g　オリーブ油15cc

作り方
①ボウルに材料を入れよく混ぜ合わせ、ひと塊にしてよくこねる。
②全体が馴染んだらラップに包み、冷蔵庫で一晩寝かせる。
③パスタマシンまたは麺棒でうすく伸ばし、食べやすい大きさにカットする。

> 生パスタ 70g を
> ブロードアルジェントで
> 茹でたもの

Buono!
分量 130g
エネルギー 213.8kcal
塩分 1.54g

スパゲティー1.75mm、70gをブロードアルジェントで茹でたもの

Buono!
分量 180g
エネルギー 269kcal
塩分 1.3g

茹で方　真のアルデンテ（歯応え）

　ヨーロッパ建築は日本の木造文化と違い、石造の文化。石粉を含んだ風の湿度、石灰やミネラルの豊かな土壌、自然条件の違いから新たな発見がたくさん感じられました。なかでも強く印象付けられたのは水の硬度。日本の水が硬度20〜80が主流の軟水に対して、イタリアの水は硬度300〜800が主流の硬水。硬水を十分に吸いこんだ弾力ある歯応えこそが真のイタリアのアルデンテです。

　日本の軟水で少し早めに茹であげ、若干半生に仕上げたパスタは冷めるにつれて伸びてしまい、味も回ってしまいますが、イタリアの水に合わせた硬水で茹でると程よく弾力を持った歯応えに仕上がり、冷めても伸びないので味も回らなく、最後のひとくちまでプリプリとした硬水による弾力が楽しめる本場イタリアのアルデンテを堪能することができるのです。

Brodo argento

ブロードアルジェント（銀色の出汁）

コントレックス（硬度1500）1に対して日本の水（硬度20〜80）3の割合で硬度400程度に調整した水を乾燥パスタ100gに対して1L、イタリア産天日塩10gを火にかけ、沸騰する手前で火を止め、昆布1gを12分ほど浸けておく。

美味しく仕上げるポイント
①湯は乾燥パスタ100gに対して湯1LがBuono!　多すぎても少なすぎても茹でムラが出やすくなる。
②塩はイタリア産天日塩1%。湯1Lに対して10gがBuono!　多すぎても少なすぎても麺にハリが出ないし程よい下味がつかない。
③イタリアの水の硬度に合わせたら記載されている表示時間がBuono!　好みや作業の速度によって1分くらい前後しても失敗にならない。
④ソースとパスタを和えるときは、ソースの温度がよほど下がってない限り火に当てないでよい。
　※50℃から80℃くらいがBuono!　完全に冷めている場合は、少し火にかけて50℃以上にあたためる。
⑤ソースとパスタを和えるとき茹で汁は足さない。
　※『RISTORANTE ALVERO』では、作る分量1人前から20人前くらいまで、その時々に応じて調整し、魚介類や野菜類の下茹でも加えて毎回調理ごとに濃度を微調整しながら繰り返し、硬水と軟水を適量継ぎ足して、パスタを仕上げていきます。つまりパスタを作れば作るほど味に深みが増し、美味しさも複雑になっていくのです。

ホールトマトのトマトソース

材料（5人前）
- A　オリーブ油 40cc　ニンニクみじん切り 10g
  　玉葱みじん切り 50g
- B　ホールトマト（ミキサーにかける）400g
  　ブロードオーロ（P24）15cc
- C　オレガノ少々　ローリエ1枚　塩コショウ1g

作り方
Aを鍋に入れ火にかける。ニンニクが色づいたらBを加え底を焦がさないように混ぜながら沸騰する手前まで煮込み、98℃でCを加え火を弱め、ごく弱火で20～30分煮込む。

保存法
冷せんで冷まし、室温以下になったら適量の容器に移し、空気に触れないようラップをして冷蔵保存。1週間以内に使い切らないものは小分けして冷凍。

Buono!
分量 50g
エネルギー 55kcal
塩分 0.1g

ジェノバ風バジルソース

材料（約2人前）
フレッシュバジル1パック（30g）　松の実 15g
ニンニク 5g　ＥＸＶオリーブ油 30cc　塩コショウ 3g

作り方
材料をミキサーにかける。

Buono!
分量 41.5g
エネルギー 199kcal
塩分 0.05g

Spaghetti con broccoli, pinoli e peperoncino.

ブロッコリーと松の実のペペロンチーノ

材料（1人前）
スパゲティー 1.75mm、70g
A　オリーブ油 50cc　ニンニク1片　鷹の爪1本　松の実 15g
B　ブロッコリー 40g　豚肩ロース 40g　C　ブロードオーロ（P24）30cc
※ブロッコリーはよく洗い、ひとくち大にカットして2分ほど茹でておく

作り方
①スパゲティーはブロードアルジェント（P39）で12分ほど茹でる。
②Aをフライパンに入れ火にかける。
③1分半ほどで鷹の爪を取り出し、Bを加え全体に火を通す。
④Cを加えて、ひと煮立ちさせて火を止める。
⑤スパゲティーが茹で上がったら、すばやく合わせ皿に盛る。

Buono!
分量 337g
エネルギー 916kcal
塩分 1.4g

Spaghetti alla pescatora.(Spaghetti alla scoglio.)

ペスカトーラロッサ（スコーリオ）

材料（1人前）
スパゲティー 1.75mm、70g
A　オリーブ油 30cc　ニンニク 1 片　鷹の爪 1 本
B　海老 1 尾　ヤリイカ輪切り 4 片　ムール貝 2 枚
　　帆立貝 1 枚
C　トマトソース（P40）50cc　バター 10g
　　ブロードオーロ（P24）30cc

作り方
①スパゲティーをブロードアルジェント（P39）で茹でる。
②Aをフライパンに入れ、火にかける。
③1分半ほどで鷹の爪を取り出し、Bを加え全体に火を通す。
④Cを加えて、ひと煮立ちさせて火を止める。
⑤スパゲティーが茹で上がったら、すばやく合わせ皿に盛る。

Buono!
分量 437g
エネルギー 631kcal
塩分 2.9g

Carbonara a modo mio.

わたし流のカルボナーラ

材料（1人前）
スパゲティー 1.75mm、70g
A　生クリーム 50cc　パルメザン粉 5g　全卵 1個
B　無塩バター 10g　豚肩ロース 30g　キノコ 20g
C　ブロードオーロ（P24）10cc

作り方
①スパゲティーをブロードアルジェント（P39）で茹でる。
②Aをよく混ぜ合わせておく。
③Bをフライパンに入れ、火にかけてCを加えて温まったら火を止める。
④スパゲティーが茹で上がったら、②③と合わせて皿に盛り付け黒胡椒を振る。

Buono!
分量 360g
エネルギー 735kcal
塩分 1.8g

とうもろこしとズッキーニのペペロンチーノ

材料（1人前）
スパゲティー 1.75mm、70g
A　オリーブ油 50cc　ニンニク1片　鷹の爪1本　玉葱 20g
B　とうもろこし1/4本　ズッキーニ 20g　ブロードオーロ（P24）30cc　バター 10g

作り方
①スパゲティーをブロードアルジェント（P39）で茹でる。
②Aをフライパンに入れ火にかけ、1分半ほどで鷹の爪をいったん取り出し、Bを加えてひと煮立ちさせ火を止める。
③スパゲティーが茹で上がったら、すばやく合わせ皿に盛る。

Buono!
分量 327g
エネルギー 813kcal
塩分 1.3g

Aglio olio d'oliva e peperoncino con granturco e zucchino.

Spaghetti con cipolla alla veneziano.

ヴェネツィア風新玉葱のスパゲティー

材料（1人前）
スパゲティー 1.75mm、70g
A　新玉葱 90g　オリーブ油 50cc　アンチョビ 5g
B　ブロードオーロ（P24）30cc

作り方
①スパゲティーをブロードアルジェント（P39）で茹でる。
②Aをフライパンに入れて、火にかける。
③全体的に火が通ったら、Bを加え、ひと煮たちさせ火を止める。
④スパゲティーが茹で上がったらすばやく合わせ皿に盛り、仕上げに黒胡椒、パルメザン粉を振る。

Buono!
分量 346g
エネルギー 776kcal
塩分 1.7g

ヴェネツィア風牛レバーのスパゲティー

材料（1人前）
スパゲティー 1.75mm、70g
A　牛レバー 70g　玉葱 70g　バター 20g
B　白ワイン 15cc
C　ブロードオーロ（P24）30cc　生クリーム 20cc　セージ少々

作り方
①スパゲティーをブロードアルジェント（P39）で茹でる。
②Aをフライパンに入れて、火にかける。
③全体的に火が通ったらBを加え、全体と合わせ、Cを加え、ひと煮立ちさせて火を止める。
④スパゲティーが茹で上がったら、すばやく合わせ皿に盛る。

Buono!
分量 395g
エネルギー 572kcal
塩分 1.4g

Spaghetti con fegato alla veneta.

Spaghetti alla genovese con lombo di maiale e verdura.

ジェノバ風豚肩ロースと季節野菜のバジルソースのスパゲティー

材料（1人前）
スパゲティー 1.75mm、70g
A　ニンニクスライス1片　鷹の爪1本　オリーブ油30cc
B　玉葱20g　キノコ20g　豚肩ロース40g　人参20g　ジャガイモ20g　茎ブロッコリー20g
　　ズッキーニ20g　カボチャ10g など　　C　バジルソース50g　ブロードオーロ（P24）30cc
※人参とカボチャは蒸し焼き、ジャガイモと茎ブロッコリーは下茹でしておく

作り方
①スパゲティーをブロードアルジェント（P39）で茹でる。
②Aをフライパンに入れ、火にかける。
③1分半ほどで鷹の爪を取り出し、Bを加え全体に火を通す。
④Cを加えて、ひと煮立ちさせて火を止める。
⑤スパゲティーが茹で上がったら、すばやく合わせ皿に盛る。

Buono!
分量 445g
エネルギー 931kcal
塩分 1.4g

彩り色々スパゲティー

材料（1人前）
スパゲティー 1.75mm、70g
A　オリーブ油 30cc　鷹の爪 1本　玉葱 20g
B　ピーマン 20g　キノコ 30g　ウィンナー 40g　とうもろこし 30g　トマト 30g
C　トマトソース（P40）50cc　ブロードオーロ（P24）30cc
※とうもろこしは下茹でして必要なだけカットしておく

作り方
①スパゲティーをブロードアルジェント（P39）で茹でる。
②Aをフライパンに入れ、火にかける。
③1分半ほどで鷹の爪を取り出し、Bを加え全体に火を通す。
④Cを加えて、ひと煮立ちさせて火を止める。
⑤スパゲティーが茹で上がったら、すばやく合わせ皿に盛る。

Buono!
分量 450g
エネルギー 746kcal
塩分 2.2g

Spaghetti multicolori.

Ravioli di carne macinata e funghi con fegato.

フォアグラと挽き肉、キノコのラビオリ

材料（約10人前）
A　合い挽き肉 140g　キノコ 100g　セロリ 15g
B　フォアグラ 40g
C　パスタ生地 400g
その他、卵、黒胡椒、パルメザン粉

ソース（1人前）
バター 10g　ブロードオーロ（P24）20cc
トマトソース（P40）15cc　生クリーム 30cc

作り方
①キノコとセロリはフードプロセッサーにかけ、挽き肉と合わせておく。
②Cを2つに分け、パスタマシンで伸ばしておく。
③伸ばした生地に①を並べ、その上にフォアグラをのせ、溶き卵を生地に塗ってパスタ生地をかぶせて成型し切り分ける。
④パスタの茹で時間は5分くらい。その間にソースをフライパンで温める。パスタが茹で上がったら、すばやく合わせて皿に盛り付ける。
※③の残ったものは冷蔵・冷凍保存も可。

Pappardelle con sugo di carne.

ローマ風ラグーソースのパッパルデッレ

材料（1人前）
パッパルデッレ（自家製生パスタ P38）70g　※幅広くリボン状にカットしたパスタ
A　オリーブ油 30cc　ニンニク1片　鷹の爪1本　B　玉葱 20g　赤黄パプリカ 20g　トマト 20g　キノコ 20g
C　合い挽き肉 50g　茄子 40g　D　赤ワイン 15cc　バター 5g
E　トマトソース（P40）50cc　ブロードオーロ（P24）30cc　蜂蜜 10g　フレッシュバジル、タイムみじん切り少々、
　　他、黒胡椒、パルメザン粉少々

作り方
①Bをフードプロセッサーにかける。　②Aをフライパンに入れ、火にかける。
③1分半ほどで鷹の爪を取り出し、①とCを加え全体に火を通す。
④Dを加えて全体に薫りをつけ、Eを加えてひと煮立ちさせて火を止める。
⑤パッパルデッレを茹でる。　⑥パッパルデッレが茹で上がったら、すばやく合わせ皿に盛る。
　※イタリアのリチェッタでは蜂蜜は入れないが、名店の挽き肉は熟成肉で独特の風味を持つ。
　　日本で普通の挽き肉を使う場合は、蜂蜜やドライレーズンを加えると再現性があがる。

PRIMI PIATTI

鶏のラグーソースのタリアテッレ

材料（1人前）
タリアテッレ（自家製生パスタ P38）70g　※細長くリボン状にカットしたパスタ
A　オリーブ油 30cc　玉葱 20g　セロリ 20g
B　鶏ミンチ 70g　キノコ 20g
C　バター 5g　白ワイン 20cc
D　生クリーム 20cc　牛乳 20cc　ブロードオーロ（P24）30cc

作り方
①Aをフライパンに入れ、火にかける。
②Bを加え、全体に火を通す。
③Cを加え、全体に薫りをつけ、Dを加えてひと煮立ちさせて、火を止める。
④タリアテッレを茹でる。
⑤タリアテッレが茹で上がったら、すばやく合わせ皿に盛る。

Buono!
分量 355g
エネルギー 771.8kcal
塩分 1.74g

Tagliaterre al ragu con crema di pollo.

Spaghetti alla puttanesca con astice.

オマール海老のプッタネスカ

材料（1人前）
スパゲティー 1.75mm、70g
A　オマール海老 1/2尾ボイル
B　オリーブ油 30cc　ニンニク 1片　鷹の爪 1本
　　アンチョビ 3g
C　黒オリーブ 2個　ケイパー小さじ 1　トマト 20g
　　トマトソース（P40）50cc　ブロードオーロ（P24）30cc

作り方
①オマール海老は塩茹でして1/2にカットしておく。
②スパゲティーをブロードアルジェント（P39）で茹でる。
③Bをフライパンに入れ火にかけ、1分半ほどで鷹の爪を取り出し、Cを加えてひと煮立ちさせて火を止める。
④スパゲティーが茹で上がったら、すばやく合わせ①とともに皿に盛る。

Buono!
分量 435g
エネルギー 696kcal
塩分 3.4g

Spaghetti alla balsamic con funghi misti.

いろいろキノコのバルサミコソースのスパゲティー

材料（1人前）
スパゲティー 1.75mm、70g
A　オリーブ油 30cc　ニンニク 1片　鷹の爪 1本
B　キノコ 80g（しめじ、舞茸、エリンギ、マッシュルーム、なめこなど）
C　バルサミコ酢 10cc　ブロードオーロ（P24）30cc　他、生ハム、ベビーリーフ、黒胡椒、パルメザン粉少々

作り方
①スパゲティーをブロードアルジェント（P39）で茹でる。
②Aをフライパンに入れ、火にかける。
③1分半ほどで鷹の爪を取り出し、Bを加え全体に火を通す。
④Cを加えて、ひと煮立ちさせて火を止める。
⑤スパゲティーが茹で上がったら、すばやく合わせ皿に盛る。

ポルチーニ茸と生ハムのペペロンチーノ

材料（1人前）
スパゲティー 1.75mm、70g
A　オリーブ油 50cc　ニンニク1片　鷹の爪1本
B　ポルチーニ茸 40g
C　ブロードオーロ（P24）30cc　　他、生ハム、黒胡椒、パルメザン粉、ベビーリーフなど

作り方
①スパゲティーをブロードアルジェント（P39）で茹でる。
②Aをフライパンに入れ、火にかける。
③1分半ほどで鷹の爪を取り出し、Bを加え全体に火を通す。
④Cを加えて、ひと煮立ちさせて火を止める。
⑤スパゲティーが茹で上がったら、すばやく合わせ皿に盛る。

Buono!
分量 337g
エネルギー 823kcal
塩分 3g

Aglio olio d'oliva e peperoncino con funghi porcini e prosciutto crudo.

Spaghetti con scampi.

手長海老のトマトクリームスパゲティー

材料
スパゲティー 1.75mm、70g
A　オリーブ油 20cc　ニンニク1片　鷹の爪1本
B　手長海老1尾　ヤリイカ輪切り4片　ムール貝2枚
　　帆立貝1枚
C　白ワイン 10cc　バター5g
D　トマトソース（P40）20cc　生クリーム 15cc
　　ブロードオーロ（P24）30cc

作り方
①スパゲティーをブロードアルジェント（P39）で茹でる。
②Aをフライパンに入れ、火にかける。
③1分半ほどで鷹の爪を取り出し、Bを加え全体に火を通す。
④Cを加えて薫りをつけ、Dを加えて、ひと煮立ちさせて火を止める。
⑤スパゲティーが茹で上がったら、すばやく合わせ皿に盛る。

Buono!
分量 434g
エネルギー 674kcal
塩分 2.8g

イタリアの魚料理は、ハーブやスパイスを効かせた加熱料理が主流。
日本と同じく海に囲まれた半島では新鮮な魚介類が豊富に獲れます。
新鮮なムール貝の白ワイン蒸しは、食べはじめると止まりません。

PESCE
魚料理

Pesce in saor.

鮎のコンフィ

材料（9尾）
A　鮎 70g × 9 ＝ 630g
B　塩 18g
C　オリーブ油 600cc（吸収分 180cc）

作り方
①鮎をよく水洗いして塩をまぶし、20分ほど置いておく。
②流水で塩をよく洗い流し、水気を切ってバットに並べる。
③オリーブ油を②がかぶるくらい入れて、70〜80℃くらいで
　5時間ほど湯煎にかける。
④室温まで冷ましてから、5℃以下の冷蔵庫で保存。
　※1週間ほど寝かせると骨まで軟らかくなる。

Buono!
分量 92g
エネルギー 290kcal
塩分 2g

Pescebianco in agrodolce.

白身魚の甘酢トマトソース

材料（1～2人前）
- A　白身魚 1切れ
- B　オリーブ油 30cc　ニンニク切れ目を入れ 1片　鷹の爪 1本
- C　玉葱みじん切り 10g　セロリみじん切り 5g　松の実 5g　干し葡萄 5g
- D　白ワインビネガー 10cc　トマトソース（P40）20cc　蜂蜜 10g　バルサミコ酢 10cc
     ブロードオーロ（P24）10cc　他、強力粉適量、塩コショウ、粉パセリ少々

作り方
① 白身魚は水気を取り塩コショウ、パセリを軽く振り強力粉をまぶす。
② Bをフライパンに入れ火にかけ、1分半ほどで鷹の爪は取り出し、ニンニクも色付いたら取り出して①の両面を焼く。
③ ②を取り出し、Cを炒めDを加えてひと煮立ちさせて、火を止め皿に盛り付ける。

イワシのベッカフィーコ

材料（1人前）
A　イワシ1尾
B　オリーブ油10cc　アンチョビ1g
C　キノコ10g　パン粉15g　レモン汁少々　蜂蜜2g　オリーブ1個　しらす5g　松の実2g
　　パセリチップ少々　ブロードオーロ（P24）15cc　塩コショウ少々
D　強力粉少々　バジルチップ少々

作り方
①イワシはワタを除いて背開きにし、白ワインに漬けておく。
②Bをフライパンに入れ火にかけ、Cを加えて全体を炒める。
③①の水気を切ってDをまぶし、②を包むようにして200℃のオーブンで10分焼き、皿に盛り付ける。

Buono!
分量 142g
エネルギー 282kcal
塩分 0.5g

Beccafico di saldini.

Pesce al forno.

白身魚の香草パン粉焼き

材料（1人前）
A　白身魚切り身1枚
B　塩コショウ少々　パン粉少々　パセリチップ少々　バジルチップ少々　オレガノチップ少々
　　オリーブ油少々
C　人参1切れ　アスパラ1本　カボチャ1片　トマト1片　ズッキーニ1片　オリーブ油少々
D　トマトソース（P40）15cc

作り方
①AにBをまぶしオーブンプレートにのせ、Cを別のオーブンプレートにのせ、オリーブ油を回し
　かけ250℃のオーブンで5分ほど焼く。
②Dと①を皿に盛り付ける。

白身魚のグリル、ルッコラのサラダ添え

材料（1人前）
- A　魚の切り身1切れ
- B　ルッコラ20g　オリーブ油20cc　塩コショウ少々　グレープフルーツ2片
　　ペコリーノロマーノ少々
- C　卵黄ドレッシング5g　バルサミコソース少々
　　※ルッコラの代用はベビーリーフ、ペコリーノの代用はパルメザン

作り方
① Bをボウルに入れ、軽く混ぜ合わせておく。
② Aは塩コショウを振って両面を焼く。
③ Cを皿に描くようにして、その上に①と②を飾る。

Buono!
分量 127g
エネルギー 405kcal
塩分 0.1g

La griglia di pesce, insalata di razzo e pompelmo.

Gratinare di abalone.

こぼれあわびのグラタン

材料（1人前）
A　あわび1個
B　キノコ 20g
C　ベシャメルソース
　　（牛乳 50cc　バター 5g　生クリーム 5g　薄力粉 5g
　　塩コショウ少々　ブロードオーロ〈P24〉5cc）
D　モツァレラチーズ、パルメザン粉少々

作り方
①あわびはよく洗って身と腸、殻に分け、腸はバター 5g、白ワイン 10cc、ブロードオーロ 10cc と小鍋に入れておく。
②殻にスライスした身とBをのせ、オーブンプレートに盛り付けておく。
③Cを小鍋によく混ぜてから入れ、火にかけて焦がさないように温める。
④②の上からこぼれるように③をかけ、Dをのせて 250℃のオーブンで5分ほど焼く。
⑤①のソースを温め皿に敷き、焼き上がった④を盛り付ける。

Buono!
分量 **180**g
エネルギー **225**kcal
塩分 **1.3**g

イタリアでは、すでに熟成された肉が精肉店で手に入るので
赤身のステーキはとっても美味。
フィレンツェのブランド牛「キアニーナ」は、まさに身体が欲する味わいなのです。

CARNE

肉料理

熟成肉との出合い

　私が初めて熟成肉に出合ったのは忘れもしない2010年2月1日。フィレンツェに滞在したときに宿泊したホテルのレストランでビステッカ・アッラ・フィオレンティーナを注文したときのことでした。

　カメリエレに「1キロか?!」と聞かれ、「いや、半分で!」と答えて500g！　あまりの大きさに圧倒されました！　日本で食べる霜降り肉と違い、赤身肉のステーキなので、よほど硬いであろうと想像したのですが、思ったより軟らかい。しかもレアなのに全くドリップして（血が滲み出して）いない。そして何より霜降り肉のように脂っこくなくて、肉本来の旨みが強い味わいでありながらあっさりとしていてたいへん美味しい。私一人で500gをいっきに平らげてしまいました。

　こんな感動的な牛肉は初めての体験で、日本に戻ってからも専門店を回り、いろいろ試してみましたがなかなかその味には出合えず、ちょっと近かったのが、九州・熊本の阿蘇の赤牛のステーキでした。これもたいへん美味しいのですが、何かが違う。

　私は牛の品種の違いなのだろうと思いました。フィレンツェのブランド牛はキアニーナと呼ばれる白いイタリア牛で、いわば「黒毛和牛」ならぬ「白毛伊牛」。これが独特の品種で肉質が違うのだと思っていたのです。

　しかし近年さまざまな情報が入り乱れる中、ついに分かったのが、ヨーロッパでは古くから肉の熟成というひと手間があるということ。肉を解体する業者とレストランの間に「シャルキュトリー」と呼ばれる熟成業者なるものが存在するということを知りました。肉は熟成させることで酵素がたんぱく質を分解し、旨み成分であるアミノ酸に変わり、美味しさが倍増し、軟らかい肉質になるというのです。

　2014年2月にフィレンツェを訪れたときも、さまざまな名店でビステッカを味わい、その美味しさを舌で記憶し、持ち帰り、情報を集めました。

　熟成の方法は大きく分けて、ドライエイジングと、ウェットエイジングの2種類があります。私はウェットエイジングのほうに着目し、料理歴26年、調理師免許を持つ経験と知識の全てを活かし、本物を知るシェフとして研究に研究を重ね、ついに独自のシンプルな熟成法をあみだし、広島産の牛もも肉を熟成させ、フィレンツェで食べたその味わいの再現に成功しました。

　これが当店ALVEROの熟成肉。一度食べたらその記憶は五感に残ることでしょう。エレガントな甘い薫り、凝縮されたたんぱく質が旨み成分のアミノ酸に変わり、繊維もほぐれることで程よく軟らかくなった赤身肉。熟成により水分が減り、その分目方も減り、さらには変色した表面を削るため、肉の歩留まりが悪くなる分、仕入れ値は必然的に4～5割高くなりますが、ALVEROでは、シェフ自らがひとりで全ての工程を行うため、人件費をかけない分、比較的価格は抑えられています。

　熟練の料理職人が最良に焼き上げる熟成肉のビステッカ。新たな肉の新境地を、ぜひ一度お試しください！

Manzo bagnare stagionato.

ウェットエイジング（湿式熟成）

家庭向けレシピ材料（約1人前）
牛肉切り身 150g　ブロードオーロ（P24）10cc
ラップ　脱水ペーパー　ビニール袋

作り方
牛肉は脂身の少ない赤身肉、モモ肉を使う。肉にブロードオーロを塗り、ラップをして3℃くらいで冷蔵。3日寝かせて脱水ペーパーに包み、ビニール袋に入れて、再度冷蔵。2日寝かせて出来上がり。水分をふきとって調理。すぐに食べない場合はラップをして冷蔵。しばらく保存するなら冷凍。

Buono!
分量 160g
エネルギー 287kcal
塩分 0.2g

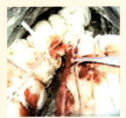

Bistecca alla fiorentina.

牛熟成肉のステーキ

材料
熟成肉1枚

作り方
①焼く前に肉を室温に合わせておく。水気をふき取り、筋に包丁を入れ、片面に軽く塩コショウを振る。
②グリルパン(フライパンでもよい)はよく温めておく。肉の大きさによって、中火から強火で1、2分。裏返して中火で2、3分。
③火からおろしてアルミホイルに包んで4、5分。皿に盛って出来上がり。

Buono!
分量 165g
エネルギー 294kcal
塩分 0.6g

Guanciare di Bue al bollito con vino rosso.

牛頬肉の赤ワイン煮込み

材料（4〜6人前）
- A　ピュアオリーブ油 40cc　ニンニク2片　鷹の爪1本
- B　キノコ 40g　玉葱 40g　セロリ 40g　人参 40g　蕪 40g
- C　牛ホホ肉 400g くらい（大き目のひとくち大にカットし塩コショウと強力粉をまぶしておく）
- D　赤ワイン 80cc　バルサミコ酢 15cc　ブロードアルジェント（P39）120cc
　　ブロードオーロ（P24）30cc　トマトソース（P40）50cc
- E　塩コショウ 5g　ローリエ2枚

作り方
① 鍋にAを入れて火にかけ、1分半ほどで鷹の爪は取り出し、Bを加え、全体に火が通ったらCを加える。
② 肉の赤色がなくなったら、Dを加えてひと煮立ちさせ、Eを加えて弱火で2時間ほど煮込む。

Buono!
分量 150g
エネルギー 211kcal
塩分 1.2g

牛肉のホイル焼き

材料（1～2人前）
プチトマト1個　ニンニク1片　牛肉150gくらい　タイムまたはパセリ少々
ブロードオーロ（P24）15cc　キノコ30g　塩コショウ少々

作り方
①オーブンを250℃にしておく。
②材料をアルミホイルに包む。
③250℃のオーブンで10分、包みを開いて6分焼き、カットして皿に盛り付ける。

Buono!
分量 224g
エネルギー 302kcal
塩分 2.1g

Cartoccio di manzo.

Pollo alla diavola.

チキンのディアボラ

材料（1〜2人前）
- A　オリーブ油 30cc　ニンニク 1 片　唐辛子 1 本
- B　鶏モモ肉 1 枚　強力粉少々
- C　玉葱 20g　キノコ 20g
- D　白ワイン 15cc　バター 5 g　ブロードオーロ（P24）15cc
  ローズマリー適量

作り方
①鶏モモ肉は皮目を包丁で無数に刺し、塩コショウと強力粉を振っておく。
②フライパンにAを入れ火にかけ、1分半ほどで鷹の爪とニンニクは取り出し、①を皮面から焼く。
③中火で4分ほど焼き焦げ色が付いたら裏返し、Cを加えて全体を炒め、Dを加えてひと煮立ちさせ蓋をして、中火で4分ほど煮込む。

Buono!
分量 267g
エネルギー 648kcal
塩分 0.2g

Cassoeula.

豚とソーセージとキャベツの鍋

材料（1〜2人前）
- A　オリーブ油 15cc　ニンニク 2g　鷹の爪 1本
- B　玉葱 25g　セロリ 10g　キャベツ 20g　キノコ 20g
- C　豚肩ロース 140g　サルシッチャ（ウィンナー）100g
- D　赤ワイン 15cc　強力粉 5g
- E　トマトソース（P40）15cc　ブロードオーロ（P24）15cc　ブロードアルジェント（P39）80cc
  　　黒胡椒、パルメザン粉少々

作り方
① Bは小口切りにしておく。
② フライパンにAを入れ、火にかける。
③ ①とCを加え、全体に火が通ったら、Dを加え、全体を馴染ませてEを加え、ひと煮立ちさせて火を止める。　④ 皿に盛り付け、パルメザンや黒胡椒を振る。

Buono!
分量 232g
エネルギー 373kcal
塩分 1.2g

鶏胸肉のロースト、アボガドとハーブのソース添え

材料（1〜2人前）
A　鶏胸肉1枚　バター5g　塩コショウ少々　白ワイン少々
B　ライム汁2g　レモン汁2g　卵黄2個　オリーブ油80cc　アボガド40g　塩コショウ少々
　　Aの残り汁10g　エストラゴン2g（セロリでも可）

作り方
①鶏肉は皮をはぎ、塩コショウ、バター、白ワインを加えホイルに包み、250℃のオーブンで25分焼く。
②Bをミキサーにかけ、カットして皿に盛り付けた①に添える。

Buono!
分量 161g
エネルギー 584kcal
塩分 0.3g

Petti di pollo alle erbe con avocado.

Pollo alla pomodolo.

チキンのトマトソース煮込み

材料（1〜2人前）
- A　オリーブ油 30cc　ニンニク 1片　鷹の爪 1本
- B　鶏モモ肉 1枚　強力粉少々
- C　玉葱 20g　キノコ 20g
- D　トマトソース（P40）30cc　ブロードオーロ（P24）15cc
オレガノ適量

作り方
①鶏モモ肉は皮目を包丁で無数に刺し、塩コショウと強力粉を振っておく。
②フライパンにAを入れ火にかけ、1分半ほどで鷹の爪とニンニクは取り出し、①を皮面から焼く。
③中火で4分ほど焼き焦げ色が付いたら裏返し、Cを加えて全体を炒め、Dを加えてひと煮立ちさせ、蓋をして中火で4分ほど煮込む。

Buono!
分量 277g
エネルギー 628kcal
塩分 0.6g

イタリアでは料理に砂糖を使いません。
砂糖を使わない料理をたくさん食べた後にしっかりと糖分を摂ることで、
胃や腸の消化機能が活性化すると考えられているのでやたら甘い（笑）。
食後に、もうデザートは入らないという方は、エスプレッソに砂糖を2杯入れて
糖分を補給するのが食後の締めくくりとされています。

DOLCI
デザート

Panna cotta di cachi

柿のパンナコッタ

材料（6人前）
A　柿（種と皮を除いて）100g　牛乳 180cc　グラニュー糖 50g
B　生クリーム 150cc　グラッパ 3cc（ウォッカでも可）
C　粉ゼラチン 5g

作り方
①Aをミキサーにかける。
②小鍋に①とBを入れ、中火にかけ沸騰し始めたら火を止め、Cを3回ほどに分けて加え混ぜ合わせる。
③ゼラチンが完全に溶けたら氷せんで冷まし、食べやすい別容器に移して冷蔵。

Buono!
分量 81g
エネルギー 171kcal
塩分 0.05g

エスプレッソ風味の自家製アイス

材料（3〜5人前）
A　グラニュー糖60g　卵黄3個分
B　牛乳100cc　エスプレッソ50cc
C　生クリーム150cc

作り方
①Aをミキサーにかけ、白っぽくなるまで混ぜる。
②Bを小鍋に入れ火にかけ、ひと煮立ちしたら①を加えてよく混ぜ、再度火にかけ沸騰する手前で火を止め、一度濾して氷せんで冷ます。
③生クリームを角が立つまでホイップし、冷めた②と合わせてポリ容器に移して冷凍。4、5時間後にいったん取り出してよく混ぜ、さらに5時間くらい冷やして完成。

Buono!
分量 84g
エネルギー 236kcal
塩分 0.06g

Gelato al caffe.

Budino di crema.

クリームプリン

材料（約7個分）
全卵1個　卵黄2個分　グラニュー糖90g　生クリーム350cc　牛乳150cc　バニラビーンズ適量

作り方
①材料をボウルに入れて、よく混ぜる。
②鍋に移し中火で60℃くらいに温める。
③2回ほど濾してココット皿に小分けし、160℃のオーブンで30分ほど湯せんする。
④粗熱をとってラップをして、冷蔵庫に入れ一晩冷やす。
＜盛り付け例＞
フルーツをスライスして並べグラニュー糖をかけてバーナーで焼くと、ブルチャーレ（ブリュレ）になります。

チョコケーキ

材料（6〜12カット分角型バット2台分）
スポンジ生地／A　全卵5個　グラニュー糖150g　　B　ココアパウダー45g　コーンスターチ40g
シロップ／水25cc　グラニュー糖25g　ラム酒25cc
チョコクリーム／チョコ200g（溶けやすいように細かく刻んでおく）　生クリーム200cc

作り方
スポンジ生地／①A、Bを別々にボウルに入れ、Aは湯せんでグラニュー糖が溶けて、もったりするまでよく混ぜる。②Bはざるで濾し、2回に分けて、Aとさっくりゴムベラでやさしく合わせる。
③バットに移し、180℃のオーブンで20分ほど焼く。
シロップ／小鍋に水とグラニュー糖を入れ、弱火にかけ、グラニュー糖が溶けたらラム酒を加え、火を止めてよく冷ます。
チョコクリーム／小鍋に材料を入れヘラで混ぜながらチョコを溶かし混ぜ、全体を一体化させてよく冷ます。
成型／スポンジが焼き上がったら室温で冷まし、バットから取り出して上下2枚にスライスし、スポンジ→シロップ→チョコクリームの順に2段に重ね、ラップをして冷蔵庫で引き締める。

Buono!
分量 82g
エネルギー 184kcal
塩分 0.06g

Torta al Cioccolato.

Biscotti di noce.

くるみのビスコッティー

材料（約20食分）
A　クルミ100g　薄力粉120g　グラニュー糖120g
B　全卵1個　塩1g

作り方
①ボウルにAを入れよく混ぜ合わせ、Bを加えて全体をよく馴染ませ、オーブンプレートに並べ、180℃のオーブンで20分ほど焼く。
②少し冷まして食べやすい大きさにカットする。

Buono!
分量 20g
エネルギー 83kcal
塩分 0.06g

ティラミス

材料（6〜8人分）
A　くるみのビスコッティ 250g
B　マスカルポーネ 250g　卵黄2個分　グラニュー糖 40g（よく混ぜておく）
　　他、冷ましたエスプレッソ、ココアパウダー

作り方
①バットにビスコッティの半量を砕いて敷き詰め、エスプレッソを回しかける。
②Bの半量を流し込み、均等に伸ばす。
③①②を再度繰り返す。
④ラップをして冷蔵。

Buono!
分量 74g
エネルギー 298kcal
塩分 0.8g

Tira mi su。

POSTFAZIONE

（あとがき）

　ただ単に他人に「美味い！」と感じさせるのは簡単です。例えば古くてまずいご飯(一応炭水化物)に、MSG（Monosodium Glutamate. ＝既製のうま味調味料、グルソー、グルタミン酸ナトリウム＝アミノ酸と表記されているもの）をかけて、塩か醤油、サラダ油をかけて混ぜると味覚中枢に美味しい！という誤信号を送ることができます。とくに空腹時は、誤信号を刺激的に強く受信しやすく、中毒性すら感じさせます。市販のポテトチップなんかまさにそうですね。遺伝子組み換えの粗悪なジャガイモを油で揚げてMSGと塩か醤油かコンソメ味にしたものは定番です。

　これを少しマシな冷やご飯に中国産の冷凍野菜を加えて既製品ののラード(MSG入り)、MSG、アジ塩コショウ(MSG入り)、中華調味料(MSG入り)、コンソメ(MSG入り)、ブイヨン(MSG入り)を加えて温めるのがチェーン店やファミレスなどのちょっと癖になる美味しさのチャーハン。ご飯を中華麺に替えると、昔ながらとよく言われるありがちな中華そば。スパゲティーに替えて中華調味料を洋風スパイスに替えるとチェーン店やファミレスのスパゲティー。うどんやそばのチェーン店、安い寿司屋、お好み焼き等々、さらにちょっとアレンジ加えて個性だしてます的なカフェまであったり。とくに使用量の法規制はないから安くて旨い！をウリとした飲食店（加工食品盛付調味販売所）では粗悪な材料を味良く仕上げるのにガンガン振りかけて使いたい放題です。

　一度の摂取量が1キロにならなければ死に至らないそうですが、そもそもコンビニやスーパーの弁当、おにぎり、惣菜などの加工食品や既製のドレッシング、ソース、タレやスナック菓子などにもたくさん含まれているので、粗悪な食品が蔓延する2015年現在、基本的に自炊しない人の1日当たりのMSG摂取量は100g以上。多い人は300g以上と想定できます。白い粉だけでですよ。本来美味しくないものを味覚中枢の誤信号で「美味しい！」と思い続けていると味覚障害になり食生活は益々乱れ、栄養バランスや体調を崩し、肥満やアレルギーなどさまざまな悪影響が現れ、次第に大きな健康被害の原因となるのです。そもそもMSGはサトウキビ由来とかなんとか謳ってますが、サトウキビにグルタミン酸ナトリウムがあるなんて聞いたことありません。無い物を化学合成させて無理やり造り出した石油精製品ともいわれています。私ならそんなもの天然由来だなんて恥ずかしくて言えません。

　料理人として駆け出しの頃は、MSGを大量に使って行列ができたりするほどのお客さんで賑わっているお店を見て、いいな…と思ったこともありましたが、これらのことを充分に知っている調理師として、イタリア料理店『RISTORANTE ALVERO』のシェフとして、私はMSGを使いません。

　「RISTORANTE」とは、ラテン語の「リストラーレ」という言葉を語源としており「治す」「修復する」という意味を持ちます。つまり食べることによって身体を治す。体力を回復させる場所のことを「RISTORANTE」と呼ぶのです。味付けの良さよりも身体への効能を重んじた料理。良質な素材と調理法によってつくられたもの。そして胃袋と腸で善さを感じ、五臓六腑にしみわたる美味しさこそが私たちの健康の源です。皆さんの食生活は空腹を満たすだけの単なる消費活動であってはいけません。健康的で意識の高い食事を愉しむことは、まさに人生そのものを愉しむことになるのです。

　日々の忙しさや疲労から食事を簡素に済ます傾向の多い現代。加工食品や既製の調味料に頼らず自炊することは5年後、10年後の自身の健康につながります。自分が健康で幸せでないと誰かを助けることも支えることもできません。よりよい食生活を営み、自炊中心の生活を送ることで誤魔化しではない本当の美味しさを知り、人生をより善いものにしていきましょう。

野菜作家「石山さん」——郷土料理は土から始まる

　野菜を大きく元気に育てるにはまず土作りから始めます。しっかりとよく耕して草木炭、籾殻の薫炭と馴染ませ、土を弱アルカリ性にして、1週間ほど寝かせてから堆肥、肥料などとよく混ぜあわせ、それから苗を植えていきます。たいへんな労力と手間隙が少しずつ日数をかけて成長し、実となっていくのです。

　さまざまな職業を経験されて引退後、趣味から始めた園芸に情熱やこだわりが加わり、有機栽培、自然農法を独学で研究し、何度も試行錯誤を繰り返しながら10年かけてやっと納得のいく野菜作りに至ったという石山雅一さん（安芸高田市甲田町）。

　肥料や堆肥、土にもこだわり、除草剤や殺虫剤も使わずに自然と格闘しながら作られた石山さんの作品たちは瑞々しく、茎や葉、実、根のすべてが優しくもしっかりとした繊維をまとい、漲る生気に満ちています。

　こうした本当に身体に善い美味しさを味わうことで、食材や生産者に対する感謝の気持ちと恵みある郷土を愛する気持ちとが、ともに芽生え育っていくのです。

感動と気付きを与えてくれる人たち

　私の周りにはたくさんの「プロフェッショナル」の方々が居てくれています。私の言う「プロフェッショナル」とは小さな半歩を積み重ね、途方もないところまでたどり着き、生涯にわたってその業を磨き続ける人。そして常に頂点を究め、多くの人に感動と気付きを与え、人々をより良い方向へ導く人のことをいいます。

　実際、私もこれまで何度もさまざまな感動と気付きを与えられ、導かれながらこの仕事を生業とさせていただいています。そうした方々と知り合い、交流を持ち、親交を深めながらご縁を持ち続けることは何よりの幸運でしかありません。一を聞いて十を知るという学びの姿勢を持ち続けていれば、人はいつまでも善い方向へ成長し続けることができるものです。

　そう気付かせてくれる方々に憧れ、私自身も日々の精進を怠らず、小さな半歩を積み重ね、善いことを少しでも多くの方々と分かち合い、そして伝えることができたら、これまで支え導いてくれた方々への僅かばかりの恩返しとさせていただけるのではないかと思うのです。

　感謝の気持ちはあらゆる苦労や困難を乗り越える勇気や力になります。感謝の気持ちがある限り、いつまでも業を磨き続け、気持ち豊かに成長し続けることができるのだと思います。

私のめざすイタリア料理の方向性

　ファッション、カルチャー、建築物、アート、歴史、美食、絶景等々、人生の悦楽のすべてはイタリアにある。その魅力に魅了され語り継ぐ、世界に何万人もいるイタリアファンの中のひとりとして僕がいる。この伝言ゲームの中には詳しく調べ尽くし体感した事実を広める者もいれば、勘違いや偏見を広める者もいる。良いことも悪いこともあるが、とにかく最高にお洒落で魅力的な国であることに間違いはない。

　真実は常に現地にある。そしてその真実はあらゆる文化との融合でイノベーションが生まれ変化する。変わらないのは何百年も前から続くその美しい街並み。何世代も前の先人たちの素晴らしい功績はこれから先も変わらないままに遺されていく。

　幾千幾万もある功績を称え、その一つをイタリアに魅了された料理人である私が語り継ぐとしたら、「Buono！ 美味しい！とは身体に善いということ！」。私たちの身体は食べ物で出来ている。本当の美味しさとは、舌や脳で感じる刺激ではなく、胃や腸で感じる身体への良質な効能なのです。「Si deve mangiare per vivere , non vivere per mangiare.」食べるために生きるのではない。生きるために食べるのだ。

　イタリアの古い諺で、己への真の足るを知るということ。

　どんなに時代が変わっても食生活が正しく豊かであれば、その文化は平和を保ち、繁栄するということを語り継いでいきたい。紀元前に遡る歴史と文化を持つイタリア料理の伝統は奥が深い。これからもしっかり歴史を紐解いて学び、私たちの健康寿命を延ばす処方箋として正しいと思うことを信じて貫き、皆さんと分かち合っていきたいのです。「Buonappetito！ Alla salute ！」（善い食欲を！　健康のために！）。

◆シェフプロフィール　木村忠敬（きむら ただひろ）

1972年生まれ。和食、洋食、さまざまな飲食店勤務を経て2000年7月に独立。創業15周年を迎えた『RISTORANTE ALVERO』のオーナーシェフ。2015年で11年目となる自身の料理教室では5度の渡伊経験をもとに250に上るレシピを紹介している。
調理師名簿登録 第四九二五一号。日本イタリア料理協会シェフ会員。イタリア料理教室 講師。イタリア旅行 プランナー。広島県飲食業生活衛生同業組合員。広島商工会議所会員。白島商店街会員。

『RISTORANTE ALVERO』
〒730-0004　広島県広島市中区東白島町9-10 セレニティ東白島1F
TEL　082-511-3100

＜参考文献＞
南清貴『40歳からは食べてはいけない病気になる食べもの』（KADOKAWA、2015年）
山田博士『その食品はホンモノですか？』（三才ブックス、2013年）
渡辺雄二『食べてはいけない添加物食べてもいい添加物』（大和書房、2008年）
渡辺雄二『加工食品の危険度調べました』（三才ブックス、2012年）
本田京子『からだにいい食事と栄養の大事典』（永岡書店、2008年）
Giovanna Ruo Berchera『a tutta birra』（BIBLIOTHECA CULINRIA、2002）
Tania Calcinaro『L'ARTE DI CUCINARE』（Logos、2004）
Gianni Eusebio『Pasta e Pasta』（GES、1999）
Salvatore Giardinetto.Mario Piccioli『Le carni RICETTE CON IL MAIALE』（CASAEDITRICE BONECHI、2006）
Mario Piccioli『PESCE ATLANTICO』（CASAEDITRICE BONECHI、1997）
Sandra Rudoni『Il Pesce』（EDIZIONI MIMOSA、1998）
Linda doeser『Cucinare il pesce』（DIX、2012）
Carla bardi『Pasta』（GRIBAUDO、2010）
Elena Balashova『insalate』（GRIBAUDO、2010）
Daniela garavini Giovanna ruo berchera『il Miele』（BIBLIOTHECA CULINARIA、1999）
Bridget jones『Cucina per diabetici』（DIX、2007）
Joanna Lorenz『ITALIAN』（HERMES HOUSE、2001）

装　　丁／久原大樹（スタジオアルタ）
本文ＤＴＰ／御立ルミ（アルバデザイン）

Buono！──ブォーノ！ 美味しい！とは身体に善いということ！
2016年1月4日　初版　第1刷

著　者／木村忠敬
発行者／西元俊典
発行所／有限会社 南々社
　　　　〒732-0048　広島市東区山根町27-2
　　　　TEL 082-261-8243　FAX 082-261-8647

印刷製本所／株式会社 シナノ パブリッシング プレス
＊定価はカバーに表示しています。

落丁・乱丁は送料小社負担でお取り替えします。小社宛てにお送りください。
本書の無断複写・複製・転載を禁じます。

Ⓒ Tadahiro kimura,2016,Printed in Japan　ISBN978-4-86489-046-5